Couverture Inférieure manquante

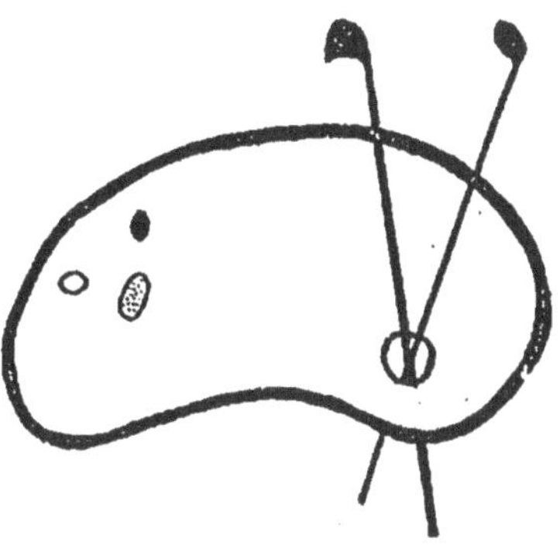

DEBUT D'UNE SERIE DE DOCUMENTS
EN COULEUR

INAUGURATION

DE LA LIGNE

D'AURAY A NAPOLÉONVILLE

(CHEMIN DE FER D'ORLÉANS)

Dimanche 18 Décembre 1864.

COMPTE-RENDU EXTRAIT DU JOURNAL DE VANNES

DU 24 DÉCEMBRE 1864.

VANNES

IMPRIMERIE GUSTAVE DE LAMARZELLE.

—

1865

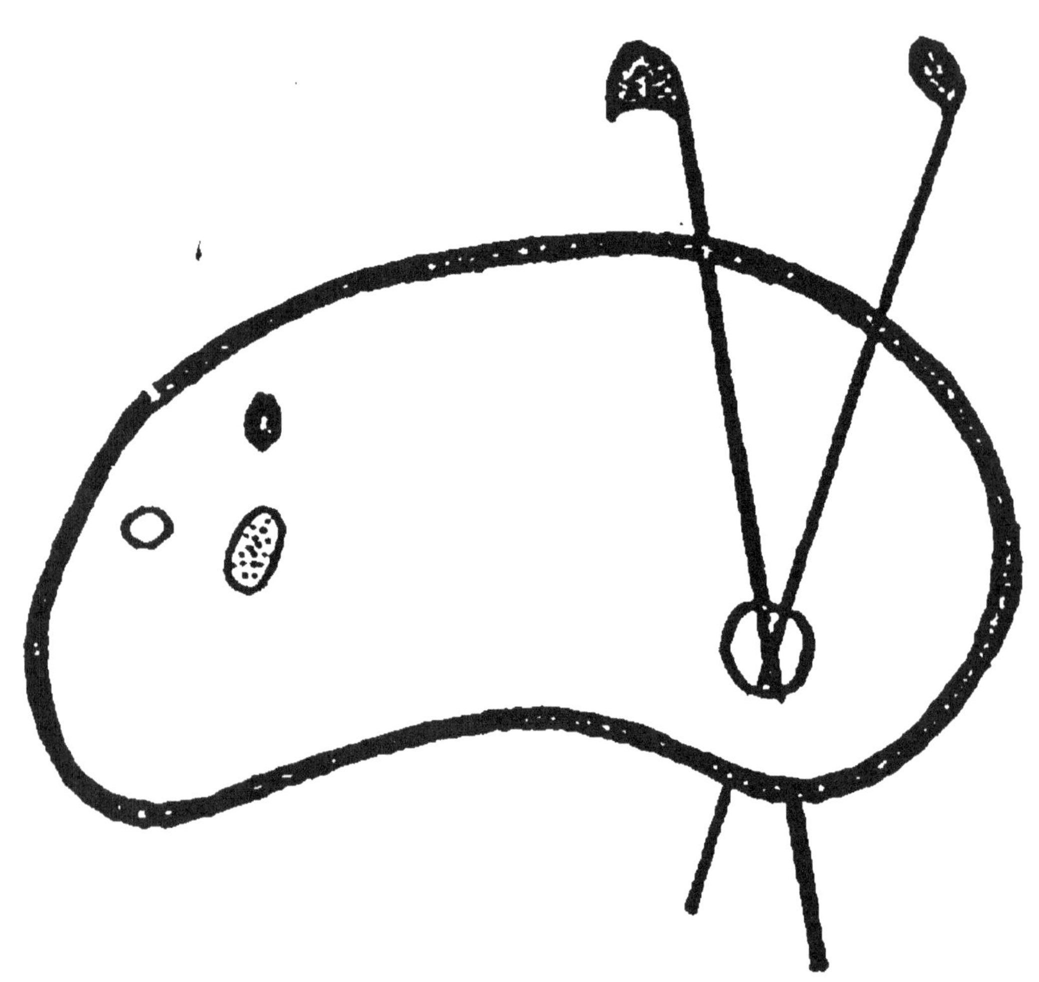

INAUGURATION

DU CHEMIN DE FER

DE NAPOLÉONVILLE.

—◆—

Dimanche dernier (1), le train d'honneur formé à l'occasion de l'inauguration de l'embranchement de Napoléonville est parti de Vannes à 10 h. 20 du matin, accompagnant jusqu'à Auray le train ordinaire n° 15. Il comprenait plusieurs wagons-salons, réunis, dès la veille, en gare de Vannes, et dans lesquels ont pris place : S. A. Mᵐᵉ la Princesse Baciocchi, M. Reneufve, préfet du département et Mᵐᵉ Reneufve, Mgr Gazailhan, évêque de Vannes, accompagné de plusieurs membres du clergé, MM. les délégués de la Compagnie d'Orléans, M. le Colonel du 74ᵉ de ligne, commandant par intérim la subdivision, MM. les membres du Conseil de Préfecture et beaucoup d'autres invités.

A Auray, le train d'honneur a pris les invités venus des divers points de l'arrondissement de Lorient. Il a été complété par l'adjonction de plusieurs wagons, pour les personnes qu'attiraient à Napoléonville les fêtes de l'inauguration.

Du point de bifurcation situé sur la ligne de Savenay à Châteaulin, à environ 4 kilomètres d'Auray, non loin de l'é-

(1) 18 Décembre 1864.

tang du Granic, l'embranchement de Napoléonville présente
un parcours total de 51 kilomètres, traversant ou côtoyant
successivement les communes de Brech, Pluvigner, Camors,
Baud, Bieuzy, Pluméliau, St-Thuriau et Guern.

La première station que l'on rencontre est celle de Pluvigner, à peu de distance du gros bourg de ce nom. L'aspect du
pays est triste et monotone. De vastes landes. Peu de traces
de culture. La végétation est absente sur ce sol qui appelle, à
grands cris, les efforts de l'homme.

Mais nous entrons dans la forêt de Camors. Voici des taillis,
des bois de pins et des futaies de grands chênes séculaires qui
semblent s'animer à notre approche. La vitesse du train nous
les fait apparaître dansant une ronde fantastique.

Avant même de quitter la forêt, nous suivons une pente assez sensible qui nous mène à la station de Baud et qui abou-
tit à l'Evel, très près de l'endroit où cette rivière forme sa
jonction avec le Blavet. L'Evel franchi, nous traversons le
tunnel de Botchosse, long de 130^m. Nous sommes entrés dans
la vallée du Blavet, pour ne plus la quitter. Nous côtoyons le
canal, tantôt en rive droite, tantôt en rive gauche.

Les collines qui enserrent la vallée du Blavet sont escar-
pées. Leurs flancs sont abruptes et couverts de rochers aux
formes les plus variées. A leur sommet, on aperçoit des groupes
de villageois venus là pour voir passer le train et dont les
silhouettes se dessinent sur l'azur du ciel, car le soleil, après
quelque hésitation, s'est décidément mis de la partie. Au fond
de la vallée, le Blavet promène ses eaux limpides à travers de
vertes prairies.

En arrivant à St-Nicolas, troisième et dernière station in-
termédiaire, avant de traverser le tunnel de Castenec, situé
dans un repli de la rivière, nous remarquons, à mi-côte, ac-
collée aux flancs d'un énorme rocher, la petite chapelle de
Saint-Gildas. Rien n'est plus pittoresque que ce site.

La gare de Napoléonville est heureusement située, sur des
terrains contigus aux dernières maisons de la ville. La population s'y est massée, attendant impatiemment l'arrivée du
train d'honneur.

A une heure, le sifflet de la locomotive se fait entendre. Tous les regards se dirigent vers le train arrivant.

A sa descente de wagon, Madame la princesse Baciocchi est reçue par M. le maire de Napoléonville et M. Périn, sous-préfet. Le cortége se rend sur une estrade qu'abrite la marquise de la gare et où sont déjà réunies les notabilités du pays. En ce moment, la musique du 5ᵉ lanciers fait entendre l'air de la *Reine Hortense*.

Outre les personnages déjà cités, nous remarquons M. le préfet d'Ille-et-Vilaine, les trois députés du Morbihan, M. de Dalmas, député d'Ille-et-Vilaine, M. le recteur de l'Académie de Rennes. La compagnie d'Orléans est représentée à cette cérémonie par M. A. Cochin, administrateur, MM. Solacroup, directeur, Morandière, Forquenot et Croizette-Desnoyers, ingénieurs en chef, et Levasseur, inspecteur principal.

Les personnes admises à l'intérieur de la gare se pressent, à droite et à gauche sur les quais. A l'extérieur, c'est une foule compacte et très animée qui va s'échelonnant sur les diverses rampes du côteau voisin, et même jusqu'à la cime des arbres, d'où elle dominera l'imposante cérémonie de la bénédiction des machines.

A l'extrémité de la gare, faisant face à la voie et surmonté d'un dais, s'élève un élégant autel. Mgr Gazailhan y monte suivi du clergé, et prononce d'une voix puissante et qui a dû parvenir jusqu'aux rangs les plus éloignés, une allocution remarquable, que nous regrettons de ne pouvoir reproduire.

Voici quelques-unes des pensées qui nous ont le plus frappé ; mais décolorées comme sont les souvenirs.

« En créant l'homme, Dieu lui imprima au front le signe de la domination ; il lui dit, *dominare :* règne par moi, par les dons que tu as reçus de moi.

» Jamais l'homme ne l'avait mieux senti que de notre temps où tant de grandes choses se sont faites.

» Aussi ne faut-il pas se presser de jeter le blâme à l'homme de génie qui, se sentant investi d'une plus haute puissance, après s'être interrogé lui-même, a entendu au fond de son âme cette grande réponse de Dieu : *dominare.*

» C'est ainsi que se sont fondées les grandes dynasties de tous les temps.

» Et, pour ne pas sortir de notre pays ni des faits connus de tous, qu'était la France il y a trois quarts de siècle? Déchirée par l'anarchie, inondée de sang, ses temples ruinés, ses autels profanés !

» Napoléon vint avec son génie et sa puissante épée. Il s'était senti une mission, il en avait compris la grandeur; il fonda le premier empire.

» Aussi, à lui les gloires du passé comme celles du présent. Ne revit-il pas aujourd'hui dans un autre lui-même?

» Une autre royauté, c'est celle de l'homme sur la matière, celle de la science sur les forces secrètes de la nature. —

» Voyez, a dit le Prélat, ces habiles mécaniciens. Ils ont dompté la vapeur, cette substance insaisissable. Ils viennent d'amener jusqu'à nos pieds ces mêmes locomotives qui, peu d'instants auparavant, dévoraient l'espace, dans leur course rapide. —

» Toutefois, l'homme n'exerce sa royauté qu'avec l'aide de Dieu. Ce n'est, à proprement parler, qu'une vice-royauté.

» Combien je suis heureux, a-t-il ajouté, de voir au milieu de nous une auguste Princesse dont les exemples parlent si haut; le premier magistrat du département qui a déjà su conquérir l'estime et l'affection de tous ; les édiles d'une cité qui nous offre une si cordiale hospitalité; les représentants de notre brave armée; enfin tant de fonctionnaires appartenant aux diverses administrations du département. —

S. G. a terminé en disant que, lui aussi était avide de domination, mais d'une domination toute spirituelle, de paix et d'amour. —

Il est venu bénir ces locomotives, auxiliaires puissants de l'industrie et de la civilisation modernes, et prier Dieu d'en écarter tous les malheurs, tous les dangers.

Au signal donné par M. Solacroup lui-même, deux locomotives pavoisées aux couleurs nationales et ornées de riches écussons se sont avancées jusqu'au pied de l'estrade, et Mgr de Vannes passant au milieu d'elles les a bénies.

A l'issue de cette imposante cérémonie, la foule s'est rendue sur la place Napoléon, où le 5e Lanciers rangé en bataille a été passé en revue par M. le Préfet et M. le Colonel du 74e de ligne. Le reste de l'après-midi a été occupé par des divertissements en plein air, organisés sur cette même place si vaste, autour de laquelle les principaux édifices publics de la cité : le quartier de cavalerie, le tribunal civil, la sous-préfecture et l'hôtel-de-ville, forment une magnifique décoration.

Ce n'était pas sans émotion que l'étranger s'arrêtait à contempler la belle statue élevée par la ville de Napoléonville à l'un de ses plus héroïques enfants, à ce brillant colonel du 51e de ligne qui, après avoir été aide-de-camp de l'Empereur, tomba glorieusement à la tête de sa brigade, sous les murs de Sébastopol. Le général de Lourmel est une de nos gloires nationales. Ses traits reproduits sur le bronze ont conservé cette expression mâle qui électrisait les troupes placées sous son commandement.

A quatre heures, un banquet splendide réunissait 200 convives, dans un bâtiment dépendant de la gare. Par les soins d'un habile décorateur, les murs de cette salle improvisée ont disparu sous de riches tentures. Un somptueux couvert resplendit à l'éclat de mille bougies.

Trois tables disposées parallèlement occupent la plus grande partie de la salle qui se termine par une quatrième table cintrée : c'est le couvert d'honneur.

L'air de la *Reine-Hortense*, exécuté par la musique du 5e Lanciers avertit de l'entrée du cortége qui accompagne la princesse Baciocchi.

S. A. s'assied ayant à sa droite M. A. Cochin, administrateur délégué de la Compagnie d'Orléans, à sa gauche Mgr l'évêque de Vannes, et en face, M. le maire de Napoléonville, entre M. le Préfet du Morbihan et M. le Sous-Préfet de Napoléonville. Les autres places d'honneur sont occupées par Mmes Reneufve, M. Solacroup directeur de la Compagnie d'Orléans, la députation du Morbihan, M. Lefebvre, Préfet d'Ille-et-Vilaine, M. Le Breton, curé de Napoléonville, M. l'abbé Moigno, chanoine honoraire de la cathédrale de Vannes, etc.

Le banquet touchait à sa fin lorsque M. le Préfet du Morbihan se leva et porta le toast suivant :

« Altesse, Messieurs,

» Lorsque chacun de nous est encore sous l'impression profonde des paroles prononcées par le bien-aimé prélat de ce diocèse, si je sollicite, à mon tour, votre attention bienveillante, c'est que j'ai ici une dette de reconnaissance à payer.

» Quelques semaines se sont à peine écoulées depuis que l'Empereur confiait à mon dévouement la préfecture du Morbihan et, dès aujourd'hui, j'ai la rare fortune d'assister à l'une de ces solennités qui, réunissant les hommes les plus considérables, prennent date dans les annales d'un pays ; nous inaugurons ensemble, sous la présidence d'une Princesse, aussi noble par le cœur que par l'éclat de la naissance, nous inaugurons cette voie ferrée, source nouvelle de prospérité et de bien-être, qui met en communication directe quatre des villes les plus importantes du département.

» Que la municipalité de Napoléonville, que la compagnie d'Orléans et ses ingénieurs si renommés reçoivent mes remerciements sincères ; car désormais rien de ce qui vous touche ne saurait me trouver indifférent, et quand il s'agit du Morbihan, ah ! croyez-le bien, nous battons tous du même cœur.

» C'est une grande époque que la nôtre, Messieurs ; et, sans sortir des limites étroites que je m'impose, si j'esquissais en quelques mots le bilan de nos douze dernières années, si je vous rappelais ces campagnes à jamais glorieuses, ces grands travaux publics, nos cathédrales partout restaurées, ces sociétés de secours mutuels, ces asiles, ces orphelinats, monuments impérissables de l'initiative impériale ; je l'avoue, je dirais, avec un légitime orgueil, que nous sommes des privilégiés.

» Ne vous semble-t-il pas, en effet, que, le 2 décembre 1851, le jour où la Providence suscitait l'Empereur, ce jour là, la Providence décrétait que la France, déjà si riche de ses lauriers, épuiserait toutes les gloires militaires et que chez nous, désormais, selon une expression que j'aime à citer : Bataille se prononcerait Victoire; et Victoire se dirait Générosité? Ne vous semble-t-il pas que, ce jour-là, la Providence décrétait que la France marcherait la première dans toutes ces luttes pacifiques que les peuples se livrent au profit de l'industrie et de la civilisation?

» En Bretagne, on n'est pas ingrat; j'en ai pour preuve ces acclamations qui retentissaient lors d'un auguste voyage, et qui montrent jusqu'à l'évidence que le pays breton rend à l'Empereur en dévouement, ce que l'Empereur lui donne en affectueuse sollicitude.....

» Buvons donc, Messieurs, au Souverain qui nous gouverne et qui sait nous aimer, comme il sait pleurer l'ami fidèle qu'il perdait hier; buvons à l'impératrice Eugénie qui console tant de misères et qu'un malheureux n'implore jamais en vain!

» Et en terminant, que Son Altesse Madame la Princesse Baciocchi me permette de reproduire un vœu dont l'honneur nous revient tout entier : « Qu'il nous soit bientôt donné, grâce à sa haute intervention, de voir au milieu de nous cet illustre enfant de France, notre sécurité dans le présent, notre espérance dans l'avenir! »

A ces paroles rendues plus éloquentes encore par le geste et la diction, la salle a répondu par un cri chaleureux de *Vive l'Empereur!*

Trois autres toasts ont ensuite été portés dans l'ordre suivant :

Par M. le maire de Napoléonville : *A la Compagnie d'Orléans!*

Par M. A. Cochin, administrateur de la Compagnie d'Orléans : *A la Bretagne!*

Par M. le comte de Champagny, député de l'arrondissement : *A S. A. la Princesse Baciocchi!*

Voici ces toasts :

TOAST DU MAIRE DE NAPOLÉONVILLE.

« Messieurs,

» Je me sentirais bien coupable d'oser prendre la parole devant une assemblée aussi illustre, et qui comprendra trop vite toute ma faiblesse et mon insuffisance, si la grande voix du devoir à laquelle je n'ai jamais su résister ne me pressait et ne m'obligeait, si mieux encore un mobile plus puissant et qui sera mon excuse ne me faisait éprouver le besoin de dire à tous notre reconnaissance pour les bienfaits du passé, pour les bienfaits de l'avenir.

» Je compterai comme un des plus beaux jours de ma vie celui qui me permet d'être l'interprète, trop malhabile, il est vrai, mais bien sincère, des sentiments de reconnaissance de toute une population pour le premier Empereur, l'élu du peuple, l'exécuteur testamentaire de la révolution, repoussant ce qu'elle avait de mauvais, réalisant ce qu'elle avait de légitime, et, Messie des idées nouvelles, les portant avec notre drapeau dans l'Europe entière; — de dévouement pour Napoléon III restituant à la France sa suprématie extérieure, initiant les classes laborieuses à la vie politique, et préoccupé constamment de leur amélioration matérielle et morale; — de sympathie et de remerciement pour l'illustre princesse qui nous honore en présidant notre fête et s'honore elle-même en consacrant son intelligence, son cœur, ses loisirs, sa fortune à une industrie qui a tant besoin d'être développée en Bretagne : à l'agriculture !

» Quand l'Empereur, jaloux de continuer les projets de son oncle pour Napoléonville, la dotait d'une voie ferrée qui la reliait au reste de l'empire, il savait qu'en Bretagne l'ingratitude est une plante qui n'a pas de racines et qu'en semant le bienfait, il recueillerait la reconnaissance et l'amour, sa plus noble ambition. Et nous, Messieurs, sensibles à cette confiance, fidèles à cette vieille devise bretonne si noble, si fière, si dévouée et qui peint si bien le caractère tenace de notre race, nous dirons longtemps, nous dirons toujours avec elle :

« Plutôt mourir que trahir ! »

» Messieurs,

» C'est pour moi un très grand honneur et un très grand plaisir de porter un toast à la Compagnie d'Orléans, qui depuis tant d'années a parsemé le sol de la France des travaux gigantesques et féeriques d'un art poussé à sa plus haute puissance ; auprès de ces merveilles, l'embranchement d'Auray à Napoléonville ne pouvait arrêter longtemps des hommes d'un talent si éprouvé ; aussi grâce à eux notre pays va-t-il entrer sérieusement dans une voie de progrès commercial et surtout agricole.

» Messieurs, on est toujours heureux d'applaudir au succès d'une compagnie qui, comme celle d'Orléans, ne s'enrichit qu'en enrichissant tout le monde.

» Qu'il me soit donc permis et à tous ceux qui s'intéressent à l'avenir du centre de la Bretagne, de la remercier d'avoir apporté chez nous cet accroissement de renommée, d'importance et de richesse.

» A la compagnie d'Orléans ! »

TOAST DE M. A. COCHIN.

« Messieurs,

» La Compagnie d'Orléans, que j'ai l'honneur de représenter, reçoit avec un légitime orgueil les compliments que vous voulez bien lui adresser. Mgr l'évêque de Vannes, M. le Préfet du Morbihan, M. le Maire de la ville, se sont trouvés d'accord pour remercier la Compagnie, que M. le Maire vient de définir par un mot que j'aime à relever : « Une Compagnie » qui ne s'enrichit qu'en enrichissant les autres. »

» Je m'empresserai de reporter au Conseil d'administration ces éloges précieux ; mais vous me permettrez d'obéir, avant tout, à un sentiment de justice et de les reporter tout d'abord sur ceux de nos agents qui les ont plus particulièrement mérités : sur les ingénieurs qui depuis cinq années nous représentent dans votre pays ; et, à travers tant de difficultés, ont su traiter avec trois mille propriétaires, remuer neuf millions de mètres cubes de terrains, et achever, dans les délais légaux, ce réseau breton qui ne comprendra pas moins de trois cents kilomètres.

» J'aime a prononcer les noms de ces hommes de talent qui ont répondu à votre attente et à notre confiance : les noms de Morandière, Desnoyers, Sevène, Dubreil, Moreau, Malibran, Arnoux, et de tous ceux enfin qui ont si dignement servi la Compagnie.

» L'année a été laborieuse pour le chemin de fer d'Orléans ; nous venons de livrer au pays trois embranchements situés dans des contrées bien diverses : l'un qui relie Toulouse à Alby, dans le Midi ; un autre de Montluçon à Limoge. ; le troisième, enfin, comprenant la section de Châteaulin et celle que nous inaugurons aujourd'hui, en venant apporter à Napoléonville ce que l'époque où nous sommes me permet d'appeler *ses étrennes et son cadeau de bonne-année.*

» En venant ici, hier et ce matin, j'étais interrogé par les deux administrateurs qui se sont récemment succédé à la tête de votre département, tous les deux si dignes, si habiles, et dont le second vient de prouver qu'il était aussi bon orateur que bon administrateur. Tous deux me demandaient à combien s'élevaient les sacrifices que le gouvernement et la Compagnie avaient faits pour achever le réseau breton? Sans parler des lignes concédées à la Compagnie de l'Ouest, nos lignes de la Basse-Bretagne auront coûté près de cent millions.

» Fournie par l'impôt, qui est la source des subventions de l'Etat, ou par l'épargne, qui forme le capital des Compagnies, cette somme considérable est une avance que la France entière fait à la Bretagne.

» Plein de confiance en vous, M. le Préfet n'a pas hésité à me répondre : « Cette avance, la Bretagne la rendra. »

» A vous parler franchement, en traversant pour la première fois votre pays, attristé par l'hiver et couvert d'une brume mélancolique, j'en doutais un peu. Je me disais :
« — Oui, cette journée d'hiver égayée par une fête est bien
» l'emblème de la Bretagne ; le Breton porte un cœur joyeux
» dans une vie rigoureuse ; mais ces étroites vallées, ces lan-
» des fleuries mais désertes, ces blocs de granit sont faits pour
» charmer le paysagiste plus que l'industriel.

» La Bretagne aura de la peine à nous rendre ce que nous
» lui donnons ! »

» Ce doute a traversé mon esprit, je vous le confesse ; je sens qu'il est dissipé : je crois à la Bretagne quand je vous vois et quand je me souviens de son histoire ; elle est ici représentée par une Princesse qui ne cesse de faire tomber de haut les meilleurs exemples ; par un Evêque et un Recteur unis pour propager à la fois les croyances et les lumières : par des administrateurs, des guerriers, des agriculteurs animés d'un véritable patriotisme et, ne l'oublions pas, par cette foule d'honnêtes gens si laborieux et si patients, qui nous entouraient ce matin ; ainsi dirigée, ainsi composée, la Bretagne a de l'avenir.

» Je ne dois pas oublier que, depuis 300 ans, la Bretagne

a su fidèlement payer sa dette envers le pays ; elle a prodigué ses enfants et son sang ; elle a produit des savants, des écrivains, des artistes, des marins et des soldats, et, conservant en même temps sa physionomie propre, ses mœurs, son costume, sa langue, elle a donné l'exemple d'une province française sachant unir une complète indépendance à une parfaite loyauté.

» M. le Maire et M. le Préfet l'ont dit tous les deux, ne trouvant pas de caractère plus distinctif pour peindre les bretons, ils ont dit : « Les bretons ne sont point ingrats ! »

» Le spectacle que vous me donnez aujourd'hui, les souvenirs de votre histoire, s'unissent donc pour me rassurer, pour transformer mon doute en remords, pour me persuader, enfin, que la Bretagne saura rendre à la France ce que la France fait pour elle.

» Mais j'ai besoin à mon tour de dissiper un autre doute qui frappe, je le sais, d'autres esprits que le mien ; le progrès tant désiré, que nous vous apportons aujourd'hui, n'est-il pas en même temps un peu redouté ? On tremble que l'industrie ne fasse reculer la morale ; on la comparerait volontiers à cette locomotive indiscrète qui s'est fait tout-à-l'heure si mal à propos entendre pendant le discours de M. le Préfet.Comme la vapeur a failli étouffer l'éloquence, on croit qu'elle étouffera la poésie, la tranquillité et la moralité de vos contrées.

» Rassurez-vous, Messieurs, nous savons bien que nous vous rendons un grand service, mais nous mettons chaque chose à son rang et l'industrie sait et veut respecter la morale ; en abrégeant les distances, nous venons allonger la vie et donner plus de valeur à chacun des moments rapides qui la composent ; nous offrons à vos personnes et à vos produits des débouchés qui leur manquaient presqu'entièrement ; nous venons transformer vos objets de consommation en objets de commerce, et votre commerce local en commerce général ; et tandis qu'une ou deux voitures bien lentes vous mettaient à peine, hier, en communication avec les villes voisines, vous pourrez demain, à St-Nazaire, mettre le pied sur la planche d'un navire qui vous portera aux extrémités du monde, ou

bien, à votre porte, sur la planche d'un wagon qui vous con-
duira jusqu'aux extrémités de la France et de l'Europe.

» Instrument docile de vos volontés, nous porterons aussi
bien des pèlerins à vos sanctuaires que des acheteurs à vos
marchés, et des pierres à vos monuments que des engrais à
vos landes.

» Mais ces grands services dont nous ne diminuons pas l'importance, nous ne voulons pas non plus l'exagérer.

» La morale passe avant l'industrie et, si je voulais carac-
tériser le rôle de ces deux grandes puissances, je chercherais
dans vos légendes le récit d'un jeune guerrier venant se faire
armer chevalier en pliant le genou devant un plus puissant
et un plus ancien que lui ; — ou plutôt, je vous rappellerais
la belle cérémonie de ce matin ; je vous montrerais ces locomotives s'approchant lentement de l'autel, et l'industrie, qui
est la mère de la civilisation matérielle, venant plier le genou
devant le christianisme, qui est le père de la civilisation
morale.

» C'est à vous, Bretons, à consacrer cette alliance. Nous
vous apportons le progrès matériel; transformez en qualité
opportune, un défaut qu'on vous reproche : montrez-vous
entêtés à défendre le progrès moral.

» Rien ne peut contribuer davantage à la gloire et à la paix
de notre bien-aimée patrie que cette union du progrès nouveau et des vertus antiques, et c'est dans cet esprit, partagé
par tous ceux qui m'entendent, c'est avec ces sentiments qu'il
me semble lire au fond de tous nos cœurs, que je bois à la
santé de la Bretagne; au respect de son passé; au progrès de
son avenir; à la perpétuité de ses traditions ; au développe-
ment de ses ressources; à la prospérité de cette partie glorieuse
du sol français. »

TOAST DE M. LE COMTE DE CHAMPAGNY.

« Altesse, Messieurs,

» Après les éloquentes paroles que nous venons d'entendre, j'hésite à vous dire quelques mots, mais au moment où Napoléonville est réunie au réseau des chemins de fer destinés à mettre en rapide communication toutes les villes importantes de l'Empire, je crois de mon devoir de venir rappeler ses titres, ses souvenirs et ses traditions.

» Depuis longtemps, Napoléonville a su, sans renier son passé, se rattacher au grand principe de l'unité Française.

» C'est à Pontivy, qu'en février 1790, cent soixante-huit députés, au nom de deux cents villes ou bourgs de la Bretagne et de l'Anjou, se déclarèrent Français et citoyens d'un Empire libre, et formulèrent un serment solennel de fidélité à l'Assemblée nationale et à l'autorité légitime du Roi. Plus tard, Napoléon Iᵉʳ voulant, par la création d'un centre important, rattacher davantage les départements de la Bretagne aux principes de son Gouvernement, ce fut sur Pontivy qu'il porta ses regards, et il décréta la création des monuments que vous y voyez aujourd'hui : l'Hôtel-de-Ville, le Tribunal, le Lycée, les casernes et la canalisation du Blavet; enfin, il lui donna le nom de Napoléonville.

» C'est grâce à ces souvenirs, j'en suis convaincu, que quarante ans plus tard vous avez appelé à vous représenter dans l'enceinte Législative, le fils du ministre qui fut l'auxiliaire de l'Empereur dans l'accomplissement de cette grande pensée.

» Je l'ai compris, Messieurs ; aussi la première fois que je fus honoré de vos suffrages, si flatteurs pour moi, je présentai au Gouvernement le vœu de votre municipalité qui demandait qu'on lui rendît le nom dont elle était fière à si juste titre.

» Un événement plus important pour Napoléonville s'accomplit aujourd'hui.

» Le chemin de fer, ce grand élément de la civilisation et du commerce qui vous manquait encore, vous arrive.

» Votre ville se trouve directement reliée à la capitale de l'Empire, et par là, mise en relation avec les centres importants de l'Europe ; et, c'est ainsi que Napoléon III continue l'œuvre de son illustre auteur.

» J'en suis certain, Messieurs, vous marcherez toujours dans la voie du patriotisme et du dévouement à la dynastie Impériale, et vous développerez les éléments de prospérité qui sont donnés à votre cité.

» Par reconnaissance pour tous les bienfaits que nous devons à cette Dynastie, je suis convaincu que ma pensée répond à la vôtre quand je vous propose de porter un toast à l'illustre Princesse qui a bien voulu nous présider :

» *A son Altesse la princesse Baciocchi !* »

Tous ces toasts ont été écoutés avec un vif intérêt.

M. le délégué du conseil d'administration de la compagnie d'Orléans, nous devons le constater, s'est exprimé avec une rare facilité d'élocution. Qu'il nous permette de dire qu'aucun choix ne pouvait être plus sympathique à la Bretagne que celui de l'homme dont le nom rappelle le fondateur de l'hôpital Cochin et l'initiateur des salles d'asile en France.

En quittant la salle du banquet, S. A. la princesse Baciocchi a été saluée par le cri de *Vive l'Empereur!* A ce moment, la foule s'est de nouveau réunie sur la place Napoléon où des danses populaires s'étaient formées, au son du biniou national, et à la lueur de quelques pièces d'artifices. Puis, la ville s'est illuminée avec une unanimité qui témoignait assez de l'intérêt que chacun prenait à l'inauguration du chemin de fer. Il est vrai de dire qu'une brume épaisse malencontreusement survenue depuis la chûte du jour, a beaucoup nui à l'effet de cette illumination générale ; mais l'intention ne pouvait être mise en doute.

A 9 heures, les rues de Napoléonville présentaient encore un coup-d'œil très animé. La musique du 5° Lanciers exécutait une retraite aux flambeaux entremêlée de sonneries de trompe fort bien réussies.

Pendant ce temps avait lieu, à la salle de spectacle, un concert dans lequel se sont fait entendre plusieurs artistes lyriques du théâtre de Nantes.

La fête était terminée, sauf à l'hôtel de la sous-préfecture, car dès la fin du banquet, M. et Mme Périn avaient ouvert leurs salons à de nombreux invités qu'ils ont su retenir fort avant dans la nuit, par la réception la plus gracieuse.

Comme on le voit, l'embranchement de Napoléonville a été inauguré d'une façon beaucoup plus brillante que ne semblait le comporter son importance kilométrique. Ce résultat est dû, moins encore à l'éclat des fêtes qu'à l'imposante réunion de notabilités attirée à Napoléonville, par le désir de saluer la première locomotive pénétrant au centre de la Bretagne.

B.